AF509398

MARCHAND ET FACHODA

MARCHAND

ET

FACHODA

CONFÉRENCE

FAITE A L'ASSOCIATION GÉNÉRALE DES ÉTUDIANTS DE MARSEILLE
LE 26 OCTOBRE 1898

PAR

M. Raymond TEISSEIRE

Avocat
Membre de la Société de Géographie de Marseille

MARSEILLE

TYPOGRAPHIE ET LITHOGRAPHIE BARLATIER
Rue Venture, 19

1898

Messieurs,

La question qui doit faire l'objet de cette conférence est du plus haut intérêt, passionnante d'actualité et grosse de conséquences pour l'avenir de notre pays.

La question de Fachoda c'est-à-dire de la possession du Haut-Nil est aujourd'hui nettement posée entre la France et l'Angleterre et les gouvernements des deux nations.

Mais convient-il que chez nous, ce grave sujet reste exclusivement réservé aux milieux diplomatiques ? Ne vaut-il pas mieux que l'opinion publique s'en empare à son tour, non point pour créer une agitation bruyante et stérile mais pour éclairer le sentiment de chacun par de sages discussions ?

Voyez ce qui se passe de l'autre côté du détroit ! Bourgeoisie, noblesse, hommes publics, citoyens sans fonctions, clubs officiels, sociétés privées, tout le monde, en un mot, parle et disserte sur la question coloniale du jour : et c'est là une force considérable pour le gouvernement.

Or, dans un pays comme le nôtre, où le pouvoir public émane plus directement de la nation, ne convient-il pas de le soutenir plus énergiquement encore par un mouvement d'opinion réfléchie ?

A cette heure-ci surtout, où notre politique intérieure contient tant de germes de division ne serait-il pas souverainement profitable à tous de porter nos regards au-delà des frontières et de nous unir en bons Français pour défendre nos droits menacés par l'étranger.

En prenant l'initiative de cette conférence, j'ai cru répondre à un impérieux besoin du moment et je puis le dire à un patriotique devoir dont vous allez, j'en suis sûr, comprendre encore mieux la portée.

2

J'ai à vous parler de Marchand et de Fachoda : mais avant d'entrer dans le plein de mon sujet, quelques considérations générales sur notre politique et sur nos possessions actuelles en Afrique.

Je vous ferai ensuite l'historique de l'expédition elle-même jusqu'à la prise de Fachoda.

Enfin dans une dernière partie, nous étudierons les conséquences de la mission Marehand, nos droits sur le Haut-Nil.

Je ne retiendrai pas trop longtemps votre bienveillante attention :

Une exposition générale ;

Un récit ;

Une courte discussion pour finir.

I

Vous avez bien souvent jeté un coup d'œil, fait quelque étude même, sur la carte actuelle de l'Afrique. Quelle prodigieuse différence avec celle de notre jeune âge. Vous vous rappelez qu'à ce moment-là, — à part les territoires situés sur la Méditerranée, au Nord ; — le pays des Caffres au Sud ; les côtes de Guinée, à l'Ouest ; — quelques ports sur la Mer Rouge et Zanzibar, à l'Est ; — il n'y avait presque aucune indication sur les autres régions si connues et si disputées aujourd'hui. C'étaient les dénominations vagues de Sahara et de Soudan au-dessus de l'équateur, et de régions des lacs ou inexplorées au-dessous.

Depuis 1880 surtout, l'activité des peuples coloniaux s'est portée sur cet immense continent africain où tant de places sans maîtres étaient à prendre par le premier occupant.

Trois puissances se sont principalement partagées l'Afrique à l'heure qu'il est : La France, l'Angleterre, l'Allemagne, qui pour être la dernière venue depuis ses victoires de 70, s'est taillé un très riche empire colonial.

Nos possessions vous les connaissez :

Sur la Méditerranée : l'Algérie, la Tunisie que des esprits étroits voulaient ne pas conquérir ou abandonner ;

Sur l'Atlantique : le Sénégal et l'immense Soudan français, dont nous avons la majeure et très riche portion malgré quelques enclaves étrangères, et où nous allons pouvoir faire en paix des œuvres utiles de civilisation, depuis la chute récente de Samory si glorieusement capturé par ces vaillants soldats français, — Gouraud, Jacquin et autres.

Sur l'Atlantique, nous possédons encore le Congo français avec l'Oubanghi, ces grandes œuvres des Brazza et des Liotard.

Sur l'océan Indien, Madagascar, conquis au prix de tant de sang français et aujourd'hui si habilement gouverné par le général Gallieni qui, après tant de faits d'armes brillants au Soudan, s'est révélé cet administrateur de premier ordre que vous savez.

Enfin sur la mer Rouge, Obock, Djibouti, avec leurs territoires aux portes mêmes du grand empire d'Abyssinie et si bien placés pour draîner son commerce à notre profit.

Notre empire colonial africain est immense, et si c'est l'honneur de la Restauration de nous avoir ouvert la voie par la prise d'Alger, ce sera l'honneur de notre troisième République que de nous avoir rendus maîtres de ces vastes contrées qui assurent à notre pays d'inépuisables ressources commerciales et industrielles pour un long avenir.

Mais faut-il qu'en considérant cette carte d'Afrique, il y est un gros point noir ! Faut-il que toute médaille ait son revers ! Je veux parler de l'Egypte, vous m'avez compris, — cette terre antique arrosée du sang de nos ancêtres avec Saint-Louis et les Croisades, et à la fin du siècle dernier avec Bonaparte et ses vaillantes recrues de la première République. Pourquoi faut-il qu'un instant de défaillance coupable, — malgré l'éloquente voix d'un grand tribun, — nous ait fait perdre ces riches contrées, où le prestige de la France dominait celui des autres nations réunies et où plus de vingt mille de nos compatriotes détenaient la fortune et toutes les hautes fonctions, au grand profit de notre commerce et surtout de notre grand port de Marseille ? Une faute presque irréparable fut légèrement commise en 1882 : nous laissions l'Angleterre seule aller prendre pied et bien vite racine en Egypte, sous le prétexte de la rebellion d'Arabi-pacha à réprimer. Nous nous sommes naïvement fiés à de solennelles promesses d'une occupation temporaire, qui dure depuis près de vingt ans et dont on ne prévoit plus aujourd'hui le terme !

L'Egypte paraissait irrémédiablement perdue dans sa totalité pour nous, et il semblait qu'à jamais le cours du Nil était fermé à nos couleurs, — lorsque les événements et la clairvoyance de plusieurs coloniaux français nous donnèrent le moyen de réparer en partie les fautes de 1882. Ne pouvant amener l'évacuation du Delta solidement occupé par la Grande-Bretagne, nous eûmes la géniale idée d'atteindre le Nil, sans passer par le Caire, en suivant une autre voie beaucoup plus longue, il est vrai ; mais il est des cas dans la vie, et dans la diplomatie surtout, où il faut savoir, quand le plus court chemin est barré, prendre l'autre, résolument.

Le Haut-Nil, c'est une porte ouverte sur l'Egypte; c'est encore pour notre pays le moyen assuré de relier ses vastes possessions de l'Atlantique avec l'Abyssinie, Obock, la mer Rouge, et de se ménager ainsi une immense voie commerciale à travers l'Afrique.

Vous comprenez de quelle importance énorme, capitale, est pour la France la possession du Haut-Nil !

Mais comment fallait-il l'atteindre ?

Par la mer Rouge ? C'était impossible, notre colonie d'Obock étant séparée du Nil par l'Abyssinie, où nous ne pouvions envoyer une mission armée.

Par la voie de l'Algérie et de la Tunisie ? mais les Touaregs d'une part, massacreurs des missions Flatters et Morès, rendaient l'accès périlleux ; d'autre part, la difficulté de vivre en parcourant d'immenses solitudes de sables, devait faire négliger cette idée.

Par le chemin du Soudan ? mais il y avait encore le danger de Samory non encore réduit, et ensuite on se trouvait en présence de distances énormes à franchir, car il aurait fallu traverser l'Afrique dans sa plus grande largeur, sans moyens de communications faciles.

Restait la colonie du Congo : c'est la voie qui fut choisie. Par là, on avait le très sérieux avantage de pouvoir utiliser, sur un long parcours, des voies fluviales : le Congo et l'Oubanghi.

Le programme n'en était pas moins extrêmement aventureux : plus de cinq mille kilomètres à parcourir en pays peu connu, généralement barbare, parfois malsain; — difficulté de passer du bassin du Congo dans celui du Nil, de l'Océan à la Méditerranée, avec des porteurs humains pour voiturer vivres, matériel et flottille; il fallait trouver pour exécuter ce fantastique tour de force dont le seul énoncé est terrifiant, même à distance, un homme bien trempé, digne d'accomplir un des merveilleux travaux des temps héroïques. Cet homme, ce fut le capitaine Marchand, qui accepta la mission après l'avoir étudiée à fond, et qui l'a accomplie comme une consigne, — rigoureusement.

Ah ! ne lui ménageons point nos hommages : notre pays peut être fier de posséder un tel enfant, qui force l'admiration, même de ses adversaires. Quel que soit le résultat de sa mission, Marchand a grandement honoré la France!

II

J'entame le récit de la mission. Je dois vous dire d'abord qui est Marchand, en quelques mots.

Fils de ses œuvres, Marchand est arrivé par le travail. Son père, modeste menuisier près de Trévoux, lui fit donner une bonne instruction : il le destinait au notariat. Mais à dix-huit ans, Marchand abandonne la basoche, s'engage, entre à Saint-Maixent et en sort en mars 1887, à l'âge de 23 ans.

Attiré par les mystérieuses contrées africaines, il demande à partir pour le Soudan, y fait plusieurs brillantes campagnes, notamment avec la colonne Monteil contre Samory et rentre en France fin 1895, capitaine et officier de la Légion d'honneur à 31 ans ! Il avait certes droit à du repos. Mais on l'appelle au ministère des colonies pour préparer une mission dans le Haut-Oubanghi et le Haut-Nil. Dès janvier 1896, il travaille d'arrache-pied, étudiant et préparant les moindres détails pour la réussite de son lourd programme. C'est merveille, dit un de ses amis, de le voir peiner à l'œuvre et penser à tout comme s'il avait toujours conduit des missions. C'est qu'il comprenait la grandeur de la sienne et comptait absolument sur le succès, et, il faut le dire, sur sa bonne étoile.

En juin 96, il quitte Paris investi du commandement du Haut-Oubanghi avec Germain, Baratier, l'enseigne Dyé, quelques autres fidèles camarades, et aussi avec douze sous-officiers français.

Le 22 juillet, ils arrivent à Loango, port du Congo français, distant de 500 kilomètres de Brazzaville. Ce fut peut-être la partie la plus pénible du programme. Le mois d'août se passe à organiser les caravanes de porteurs. Il faut diviser tout le matériel, vivres, munitions, bateaux démontables en six mille charges et trouver des noirs pour les charrier. Là-dessus les villages s'insurgent, les porteurs désertent : tout est à feu et à sang. Les mois de septembre et d'octobre sont consacrés à réprimer une rébellion épouvantable. Marchand n'atteint Brazzaville, où il va enfin pouvoir utiliser le Congo, que le 8 novembre, après avoir failli mourir des fièvres, ou lâcher la rampe, pour me servir d'une de ses expressions. Dès son arrivée, il fait procéder au montage des deux vapeurs le *Faidherbe* et le *Duc-d'Uzès*. Ces transports sont insuffisants : il fait venir trois chalands en aluminium de 12 mètres de long qu'on avait abandonnés à Loango. Vous voyez la difficulté de toute cette entreprise. Aucune route ne relie encore Loango à Brazzaville. Il faut suivre le Niari, magnifique fleuve qui abrègerait considérablement le trajet, s'il n'était coupé de nombreux rapides, interrompant souvent la navigation.

Ces rapides dans la région des côtes constituent le grand inconvénient des fleuves africains : ce sont ceux qui pendant longtemps ont empêché la pénétration du continent noir. Marchand se sert d'une comparaison très juste en disant que l'Afrique ressemble à une assiette à soupe renversée : tant que les cours d'eaux restent sur la partie plate et haute, ils sont larges, magnifiques, navigables ; quand ils arrivent dans la partie déclive qui serait la bordure de l'assiette, ils se précipitent en cataractes, interdisant toute navigation. Tel est le Congo qui, de l'Océan à Brazzaville n'est pas navigable et qui à cette dernière ville devient calme, majestueux et large de trente kilomètres. Dans l'avenir on ne pourra pratiquement éviter les rapides de la côte que par un chemin de fer latéral, comme ont fait les Belges. Faute de ce moyen de locomotion, qui aurait permis à la mission toute entière de faire le trajet jusqu'à Brazzaville en quelques jours, elle mit six mois à le faire !

Difficile, mais magnifique pays cependant. Lisez le livre de Castellani, artiste envoyé par l'*Illustration*, et qui a suivi la mission Marchand jusqu'à mi-route : « Nous commençons à « remonter le Niari. C'est en allant de surprises en surprises « que nous franchissons cette étape ; et tout ce que l'imagina- « tion peut inventer de grandiose en fait de forêts vierges, se « déroule sous nos yeux avec un changement à vue de décors « invraisemblables : perspectives d'îles enchantées, entasse- « ment de roches couvertes d'une végétation fantastique ; îlots « et bancs de sable où viennent reposer des caïmans énormes « et de grands oiseaux. » (*Vers le Nil français*).

Enfin, le 13 janvier 1897, commence la navigation sur le Congo et l'Oubanghi. Marchand fait partir trois vapeurs avec le capitaine Mangin, deux compagnies et mille charges. Lui reste en arrière-garde pour ne laisser en route ni hommes ni matériel. Il n'arrive même à tout expédier que grâce au concours des Belges qui nous prêtent leur flottille à prix d'or : il est triste de penser que sans eux peut-être nous n'arrivions pas !

Le 1er mars 1897, Marchand quitte Brazzaville. Tout est en bon ordre, — et en route ! pour quatre mois de navigation sur le Congo et l'Oubanghi !

Les circonstances deviennent plus favorables. Marchand n'est plus le soldat de fer ayant à réduire une sanglante insurrection : c'est le diplomate prudent qui se concilie les chefs et les tribus sauvages qu'il rencontre sur son magnifique chemin. Quelle grandiose nature il traverse ! « C'est un magnifi- « que spectacle, dit Stanley, que cette immense nappe d'eau « touchant le ciel à l'horizon, semée d'innombrables îlots, et « sur laquelle s'étend à l'infini cette lumière intense qui « semble noyer tous les objets dans une buée tiède et jau- « nâtre. »

On arrive ainsi jusqu'à Bangui sur l'Oubanghi, aux eaux si claires, comparées à celles si terreuses du Congo. Bangui est en plein pays Boudjos peuplé de Cannibales. « C'est à regret, « dit Castellani, que nous quittons ce paradis des yeux. Mais « il y a un envers à ces belles choses : c'est ici, on peut le dire, « que le cannibalisme bat son plein ; et malheur à qui s'écarte « des quelques points habités par les blancs : la sagaie, la « lance ou la flèche ont vite fait leur œuvre et les imprudents « sont impitoyablement dévorés. Les bateaux ne doivent plus « stationner la nuit qu'à une bonne distance des rivages et en « veillant rigoureusement aux alentours. » (Castellani).

C'est là que M. Castellani rencontre Mgr Augouard, évêque du Congo, qui prêta son précieux concours à la mission. Son jugement sur l'évêque n'est pas suspect de flatterie, car Castellani proclame qu'il ne comprend ni les couvents ni les casernes. Il a cependant trop de largeur d'esprit pour ne pas apprécier à leur mérite ces échappés de couvent qui sont les missionnaires et ces échappés de caserne qui sont nos intrépides explorateurs africains !

Ecoutez-le plutôt : « Ça n'est pas tout à fait une sinécure que
« l'épiscopat au centre africain et, en somme, je crois que
« quel que soit le culte auquel on appartienne, on est obligé de
« rendre hommage à l'activité du prélat de Brazzaville. Ancien
« zouave pontifical, Mgr Augouard est un homme entre 40 et
« 45 ans ... Je me le représente volontiers comme ces prélats
« du moyen-âge avec la cuirasse et la grande épée, capable de
« distribuer des coups d'estoc et de taille. » (Castellani).

La mission arrive dans ce pays de transition entre le Congo
et le Haut-Nil, qui est le pays des sultans noirs. Ceux-ci pren-
nent toujours le nom de leur capitale. Utile coutume, qui nous
permettra de les oublier plus difficilement.

Ces sultans noirs sont assez puissants et disposent de plusieurs milliers de guerriers dont certains ont des fusils belges,
anglais ou français. La mission est admirablement accueillie à
Bengassou par Bengassou. « Ce séjour, dit un membre de l'ex-
« pédition, est pour nos tirailleurs et pour nous un lieu de
« délices. Bengassou est la Capoue du centre africain. »

Huit jours après, arrivée à Raffaï : on sent qu'on approche
du Nil en entendant parler arabe et en voyant les petits che-
vaux berbères. Le capitaine Marchand est reçu comme un Dieu
par le sultan ébloui de tous les cadeaux qu'on lui donne ; il
assure en échange sa fidélité à notre drapeau.

Il faut une semaine pour atteindre Zémio : même réception
cordiale par le sultan, même échange de cadeaux. Marchand
lui remet une décoration d'Obock et lui fait passer ses tirailleurs
en revue.

On est à la fin mai 1897. Encore huit cents kilomètres pour
atteindre Tamboura, premier village qu'on doit rencontrer sur
la Souéh, sous-affluent du Nil. Mais que de difficultés à vaincre
encore pour passer d'un bassin dans l'autre !

Il faut remonter un affluent de l'Oubanghi, le Bomou dont on
ne connaît qu'imparfaitement une partie du cours. Sera-t-il possible d'y faire passer la flotille ? Une reconnaissance du cours
inférieur donne des résultats décourageants. Le Bomou est
coupé de rapides et de chutes : on en compte trente-quatre.
Personne n'éprouve cependant la moindre défaillance. On
contournera chaque chute en faisant une route et chaque
bateau sera tiré sur des glissières en bois. Cette opération
demande parfois dix-huit cents hommes !

Le 20 juin 97 (il y a juste un an que Marchand a quitté Paris), la flotille et les tirailleurs arrivent au cours supérieur du Bomou. Par une chance inespérée le Bokou, affluent du Bomou, devient navigable et permettra de s'avancer à soixante-dix kilomètres de Tamboura sur la Souéh.

Marchand va reconnaître la route. Elle est extrêmement difficile, car il s'agit maintenant de franchir la ligne de faîte des deux versants du Congo et du Nil. Arrivé enfin à Tamboura, sur les eaux du bassin du Nil si ardemment désiré, il constate que la Souéh n'est pas navigable à ce point. Il est obligé de la descendre jusqu'à Kodjoli : c'est ce village qu'il va falloir relier avec le Bokou par une route qui aura cent soixante kilomètres de longueur, et ce avec les moyens primitifs, dérisoires dont on dispose ! Après ce travail d'Hercule un autre commence : le transport de la flotille et du convoi sur un aussi immense parcours, en pays inconnu, dangereux et accidenté. On démonte les vapeurs et les chalands ; on trainera les pirogues ; les porteurs charrieront les six mille charges. Que de force et d'énergie ne va-t-il pas falloir dépenser ! Marchand et ses hommes arrivent à bout de tout. En octobre 1897 ils atteignent la Souéh et mettent les bateaux à flot. Oh joie patriotique ! c'est un vapeur français qui le premier aura navigué dans ces régions du Haut Nil ! Un mois après toute la mission est heureusement arrivée au confluent de la Souéh et du Waou : Marchand y fait construire le fort Desaix.

On est dans le Bhar-el-Ghazal, ou région des eaux, aux portes du Nil. On a comparé cette région à une éponge d'où les sources ruissellent de toutes parts ; immense réseau de rivières qui sous le nom de Ghazal iront grossir le Nil.

Ce n'est pas tout de traverser ces pays : il faut encore en prendre possession d'une façon effective. Marchand donne des ordres pour créer des postes nombreux aux positions importantes.

Pendant ce temps il descend vers le Sud et s'approche de Lado sur le Nil pour savoir, si possible, où est la mission anglaise Mac-Donald partie de la région des lacs ou du Nil supérieur, près de l'Ouganda : elle n'est signalée nulle part. Assuré de n'être pas distancé par le Sud, Marchand rentre au fort Desaix.

Il s'agit maintenant de faire le dernier effort et d'atteindre le Nil lui-même. Baratier et l'interprète Landéroin sont envoyés en éclaireurs au confluent du Ghazal et du Nil. Cette reconnaissance qui dura deux mois, — février et mars 98, — fut extrêmement pénible à cause du manque de vivres, loin du gros de la mission. Les malheureux, sur leur tronc d'abre creusé en pirogue, en étaient réduits à se nourir d'herbes marécageuses et de viandes desséchées !

Le 1er mai Marchand se met en route pour Fachoda. Le moral de tous est excellent. Vous avez lu la dernière lettre de Marchand et vous avez pu en juger.

« J'ai maintenant dans le bassin du Bahr-el-Ghazal, c'est-à-
« dire du Nil, écrit-il, une sélection de toute puissance : sept
« chalands ou boats d'acier, un vapeur sous pression, quinze
« pirogues creusées par mes tirailleurs pouvant me conduire
« où je veux dans ce bassin du Nil où le premier vapeur fran-
« çais est entré à cette heure, malgré tant d'obstacles et tant
« d'hostilités et tant que je serai vivant, tant qu'il restera un
« officier, un sergent de la mission française, notre pavillon
« restera dans le bassin du Nil. Il ne faudrait pas croire, pour-
« tant, que tout est agréable dans notre situation ; nous mour-
« rons de faim, d'abord, et depuis longtemps c'est la chasse à
« peu près exclusivement qui nous nourrit et qui nous soutient.

« Vous savez que c'est la faim, l'horrible faim, qui est la
« cause du désastre de l'expédition Dhanis. Dans notre voisi-
« nage, les sauterelles ont ravagé le peu de plantations faites
« par les indigènes bongobarris, sur lesquels nous nous ap-
« puyons, et mes propres plantations sont ravagées. Comment
« allons-nous atteindre le Nil ? Serons-nous obligés de manger
« l'embach des marécages ? Et encore, s'il ne s'agissait que de
« passer vite, avec mes bateaux ce serait peu ; mais le pro-
« gramme est bien autrement difficile : ici, on ne passe pas, le
« passage ne constitue pas un droit sur les pays traversés, il
« faut occuper effectivement. Et alors, chaque nouveau poste
« créé dans ses immenses régions, presque dépeuplées, chaque
« centaine de kilomètre en avant constituent un travail colos-
« sal, une lutte incessante contre l'impossible. Et, pourtant, le
« triomphe final est à ce prix et malgré tout, quelque obstacle
« nouveau qui se dresse sur notre route, nous triompherons,
« il le faut pour la grandeur de la patrie ! »

Fin juin la mission arrive au confluent du Nil et du Ghazal, où se trouve le lac No, immense réceptacle de toutes les eaux du Bhar-el-Ghazal et déversoir du Nil supérieur.

Le 10 juillet, entrée à Fachoda : en y plantant le drapeau français, Marchand avait accompli son programme. Après avoir expédié son rapport par le Congo et par l'Abyssinie pour plus de précautions, — Marchand n'avait plus qu'à attendre les événements et les instructions de France.

— Qu'allait y advenir ?

Les Derviches refoulés par les Anglais, de Khartoum, étaient-ils sur le point de se présenter inopinément. Une escarmouche sans conséquence a lieu entre les troupes de la mission et deux de leurs navires envoyés en éclaireurs. Ces navires repoussés rentrent aussitôt vers le Nord. Allaient-ils revenir plus nombreux. Dans ce cas tout était-il perdu pour Marchand comme affectent de le dire les Anglais? Les Derviches n'auraient-ils pas respecté nos positions acquises, pour conserver plus facilement les leurs? Etions-nous d'ailleurs vaincus d'avance ?

Quoi qu'il en soit cette hypothèse ne se réalisa point. Marchand reçoit un beau jour la visite d'un émissaire lui annonçant l'arrivée des Anglais avec Kitchener. Bientôt apparaissent à l'horizon les vapeurs et les drapeaux Anglo-Egyptiens. Moment solennel pour les deux chefs représentant deux grandes nations. Vous savez ce qui se passa. Marchand et Kitchener affirment chacun les droits de leurs mandants. Pas la moindre collision n'a lieu. Les drapeaux des deux adversaires flottent au vent :

La parole désormais était à la diplomatie !

III

Dans la troisième partie de cette conférence, la plus importante, nous nous appliquerons à faire la discussion de nos droits

Deux principes ont été constamment appliqués dans le partage de l'Afrique :

D'abord ce principe de tous les temps qui légitime le droit du *premier occupant* dans les contrées sans maître, principe reconnu d'ailleurs en faveur de toute nation civilisée, par l'acte général de la conférence africaine tenue en 1885 à Berlin.

C'est en second lieu ce principe de création plus récente de l'*Interland* : — ce qui veut dire que par le fait seul de la possession non contestée d'un territoire, chaque puissance a un droit de préférence pour acquérir la possession de l'arrière-contrée, correspondante à ce territoire.

Cette théorie a récemment été appliquée par l'Angleterre et l'Allemagne pour pousser jusqu'au lac Tchad leur colonie respective du Bénin et du Cameroun.

Ce principe de l'Interland, pourrait être invoqué par la France et par l'Angleterre en ce qui concerne les contrées du Haut-Nil : elles sont à la fois l'Interland de l'Egypte et de l'Oubanghi.

Pour solutionner le conflit, il faut donc faire appel à l'autre principe, plus général et plus rationnel, du premier occupant.

Or le Haut-Nil et Fachoda ont été occupés par nous antérieurement à l'Angleterre, puisque Marchand dès le début de 1898 arrivait sur le Haut-Nil et depuis le dix juillet était entré à Fachoda.

Les Anglo-Egyptiens de leur côté ne pouvaient pénétrer dans le Haut-Nil avant la chute des Derviches, maîtres de Khartoum, qui leur barraient la route : Or Khartoum fut pris le deux septembre dernier et le Sirdar n'arriva à Fachoda que le 19 septembre, près de trois mois après Marchand.

La question ainsi posée comme elle doit l'être, sa solution est facile : nous sommes arrivés à Fachoda avant les Anglais, nous devons y rester.

A ce raisonnement bien clair, nos adversaires font une objection qu'ils tiennent pour décisive.

Le principe du premier occupant ne peut s'appliquer qu'à une région qui n'est pas possédée par un peuple civilisé Or le Haut-Nil n'a jamais cessé d'appartenir à l'Egypte, donc les Français ne peuvent le détenir en vertu du droit de première occupation.

Erreur de fait absolue.

J'admets bien que nous n'aurions pu conquérir le Haut-Nil, s'il n'avait point cessé d'appartenir à l'Egypte.

Mais je répond à l'objection par une double proposition.

— Ou le Haut-Nil n'a jamais cessé d'être la propriété de l'Egypte et alors nous avons autant de droit de l'occuper pour le compte de l'Egypte que l'Angleterre ;

— Ou le Haut-Nil n'était plus à l'Egypte, et alors nous avions le droit de le conquérir.

Si l'Egypte est restée maîtresse du Haut-Nil, c'est à l'Egypte libre, évacuée par les Anglais que nous le rendrons, quand le Khédive de sa seule initiative nous le demandera, — car l'Angleterre n'a jamais reçu le mandat de personne de faire restituer à l'Egypte ce qui a pu lui être ravi. Ni le Khédive, ni le sultan son suzerain, ni l'Europe, encore moins la France, ne lui ont donné pareille mission. S'il est démontré que le Haut-Nil soit toujours à l'Egypte, nous dirons aux anglais — court débat — : Evacuez l'Egypte et en même temps que vous rendrez Khartoum au Khédive, nous lui rendrons Fachoda.

Ou bien l'Egypte avait définitivement perdu la propriété du Haut-Nil, comme nous le pensons, — et alors par le droit de première occupation, nous devons en demeurer les maîtres.

Il ne reste donc plus qu'à vous démontrer la réalité de cette deuxième proposition, à savoir que l'Egypte avait définitivement perdu le Haut-Nil ; qu'il n'était donc pas occupé par une nation civilisée en 1898, et qu'en conséquence il devait appartenir au premier peuple qui s'en emparerait.

Un petit historique sur le passé de ces régions est ici nécessaire.

La conquête des provinces du Haut-Nil et du Nil supérieur ou région des lacs par l'Egypte a été commencée par le khédive Mehemet-Ali et achevée par Ismaïl en 1870. Mais leur perte s'est rapidement accomplie. L'esprit musulman se réveille vers 1880 : Mohamet-Amed se proclame mahdi, et dès 1881, il refoule les troupes égyptiennes vers la Basse-Egypte. C'est alors que l'Egypte est occupée par la Grande-Bretagne, et vous allez voir qu'à partir de 1883 celle-ci donne des ordres pour faire évacuer par les troupes khédiviales le Haut-Nil.

La Grande-Bretagne à ce moment-là, sur les conseils de son ministre lord Granville (qui avait solennellement promis d'évacuer l'Egypte), entendait rendre le Soudan *indépendant*, afin de pouvoir immédiatement l'occuper, pour son compte personnel, au moment favorable.

De 1883 à 1893 — dix ans, — le Haut-Nil, par ordre de l'Angleterre, a été évacué et livré au Mahdi, proclamé indépendant, c'est-à-dire réservé au premier occupant ; — et aujourd'hui que ce premier occupant est la France, nos excellents voisins changent de théorie : Le Haut-Nil n'a jamais été évacué, il n'a jamais cessé d'être à l'Egypte !

Est-ce logique et digne d'une grande nation ?

Lisez les documents à l'appui de ce que j'avance :

En 1883, sir Baring, ministre anglais au Caire, informe lord Granville du danger qui menace Khartoum. En décembre, Granville conseille à l'Egypte de renoncer au Soudan. Baring réplique que le premier ministre égyptien refuse de suivre cet avis : Chérif-Pacha est obligé de se retirer et est remplacé par Nubar-Pacha.

Au mois de mars 1884, Gordon accepte de faire évacuer Khartoum et le Soudan. Il reçoit de sir Baring les instructions précises suivantes contenues dans la dépêche du ministre anglais, qu'on retrouve dans le journal de Gordon-Pacha :

« 1º Assurez la retraite de la population européenne et de la garnison de Khartoum.

« 2º Vous êtes mieux placé pour savoir quand et comment faire cette opération.

« 3º Vous aurez toujours devant les yeux que le principal but de votre mission est l'*évacuation* du Soudan.

« 4º Si vous pensez que la chose soit possible, tâchez de

fonder une confédération des tribus indigènes, *aux lieu et place de l'autorité égyptienne.*

« 5° Un crédit de 100.000 livres vous est ouvert à cet effet au département des Finances. »

Qu'on ne vienne plus soutenir que le Khédive a quitté le Soudan temporairement par suite d'une simple révolte : le Khédive a procédé à une évacuation officielle, d'ordre de l'Angleterre.

Aucune parole imprudente ne peut détruire la portée de ces actes solennels !

Cependant, Gordon n'a pas eu le loisir d'exécuter sa mission ; il est tué le 26 janvier 1885. Le Mahdi règne en maître à Khartoum. Le général Wolseley s'était porté au secours de Gordon, mais on le fait arriver trop tard ; il est même rappelé. A ce moment-là, la perte du Haut-Nil pour l'Egypte est permise et voulue par l'Angleterre : cela était dans ses plans.

Autre fait aussi probant : Emin-Pacha avait été placé par l'Egypte comme gouverneur des provinces équatoriales des grands lacs. Après la chute de Khartoum on l'abandonne. Il écrit le 31 décembre 1885 ceci, se voyant isolé, sans assistance : « Avant d'*évacuer Fachoda*, le gouvernement « égyptien aurait dû ne pas oublier les gouverneurs placés « par lui et qui avaient fait leur devoir ! »

L'Angleterre lâcha Emin comme elle avait lâché Gordon, afin d'affranchir de l'Egypte, toute la région du Nil, qu'elle comptait revendiquer pour elle au moment opportun, par droit de première occupation.

Il y a mieux encore : le Haut-Nil était tellement regardé par l'Angleterre comme soustrait à l'autorité de l'Egypte, qu'aux termes du traité de Zanzibar avec l'Allemagne, — (1er juillet 1890), — elle s'annexe la région du Nil Supérieur et des grands lacs, sans parler des droits de l'Egypte, considérés comme périmés depuis qu'Emin-Pacha a abandonné ces provinces, à l'instigation de la Grande Bretagne elle-même.

Le 12 mai 1894, convention entre l'Angleterre seule et le Congo Belge au terme duquel l'Angleterre cédait à bail à l'Etat libre partie des vastes territoires du Nil Supérieur, — toujours sans mettre l'Egypte en cause.

Enfin à l'heure qu'il est le drapeau anglais flotte seul sur l'Ounyoro : Cette province dépend pourtant des régions du

Haut-Nil, ayant appartenu à l'Egypte, au même titre que Fachoda, — puis évacuées par elle dans les mêmes conditions.

Pourquoi n'aurions-nous pas le droit de faire ce qui est permis à notre rivale ? En occupant Fachoda, nous ne faisons que suivre l'exemple donné par la Grande Bretagne et l'Etat Belge du Congo.

Je sais bien que depuis lors le ministre anglais a changé son fusil d'épaule.

Dès 1895, Liotard prépare les voies à la future mission Française. Menacée de nous voir arriver avant elle, l'Angleterre se ravise. Sir Grey annonce bruyamment à la tribune que tout acte de la France dans le Haut-Nil sera considéré comme "anti-amical". Comprenant que les paroles ne devaient rien empêcher, on prend l'offensive, on donne l'ordre d'aller sur l'heure venger ce malheureux Gordon-Pacha oublié depuis dix ans. Il faut aller reconquérir, non plus pour l'Angleterre, mais pour l'Egypte tout le Haut-Nil. En septembre 1896, brusquement on s'empare de Dongola ; en septembre 1897, de Berber ; en septembre 1898, de Khartoum. Mais cette fois-ci on porte soigneusement le drapeau Egyptien dans les fourgons, avec le drapeau anglais, et on plante les deux, côte à côte. C'est ce que Kitchener fera lui-même à Fachoda où il plante encore les deux drapeaux. Mais là il trouve le nôtre, fièrement déployé.

A qui donc doit légitimement rester le terrain ?

— A l'Angleterre, mais elle ne lutte que dans l'intérêt de l'Egypte ; elle ne réclame rien pour elle-même, surtout depuis qu'elle a constaté qu'elle n'avait pu arriver la première !

— A l'Egypte, mais le khédive ne revendique absolument rien : pendant dix ans l'Angleterre lui a persuadé qu'il fallait évacuer le Soudan et qu'il avait perdu toute espèce de droits !

— Le terrain doit donc rester à nos trois couleurs par droit de première occupation. Disons le bien haut : que nos diplomates l'entendent et fassent valoir nos justes droits !

Je n'ai pas voulu dans cette conférence discuter les derniers actes diplomatiques : j'ai préféré vous fournir des éléments de première main qui vous permettront de les mieux juger. Relisez le livre jaune : Vous y verrez combien MM. Delcassé et de Courcel ont su placer la discussion là où elle devait être portée pour le triomphe de nos légitimes revendications. . . . .

. . . .

Est-ce à dire que nous devons nous montrer intransigeants, ne rien entendre et partir en guerre ? Non. N'imitons pas nos voisins, pas même dans la forme acerbe de leurs réclamations : restons calmes !

Nous sommes de ceux qui comprenons les nécessités de la politique et qui préférons même à un très bon procès, un arrangement acceptable. Ayons confiance en notre diplomatie, aux lumières des sommités coloniales françaises ; les Brazza, les Liotard et autres.

Si nous obtenons la rive gauche du Nil depuis les confins du Congo Belge et de l'Oubanghi jusqu'à un point à déterminer dans la région de Fachoda, — avec le Bhar el Ghazal, la liberté commerciale du Nil ; — Si nous obtenons avec ces très sérieux avantages, la neutralité d'un territoire près de Fachoda, afin de pouvoir librement circuler vers l'Abyssinie et vers Obock sur la mer Rouge, — tout en laissant passer dans ce territoire neutre une voie d'accès permettant aux Anglais de joindre Khartoum à leur Afrique Orientale, — je crois que nous aurons là un traité honorable, avantageux et partant très acceptable.

Mais quoi qu'il advienne, n'oubliez pas que tout résultat profitable, tout bénéfice, nous ne l'aurions jamais obtenu, sans le dévouement, l'énergie, la bravoure du commandant Marchand et de ses héroïques compagnons d'armes !

Honneur à eux !

IMPRIMERIE LITHOGRAPHIE BARLATIER

MARSEILLE